混声合唱のための童謡メドレー

いつの日か

源田俊一郎　編曲

カワイ出版

●はじめに

このメドレーは札幌にある中学校の現役音楽教師を中心とするグループ「IZANAI」（13名）によって委嘱されました。日々の仕事の中で自分たちがもっと音楽を感じ、それを子供たちに伝えたい…という情熱がほとばしった幸福な初演の瞬間でした。

童謡は一般に子供のための歌ですが、大人にとっての「癒しの歌」でもあります。この曲を書いているときアメリカでは同時多発テロにより多くの人命が奪われました。巨大なビルが崩れ落ち、憎しみと暴力による報復の連鎖が始まっていくのを見ながら、せめてこの不安な気持ちから逃れたい、癒されたいという思いが小さな祈りとなって、音のひとつひとつにきざまれたかも知れません。

「いつの日か」は郷愁であるとともに未来への希望でもあります。これらの曲を歌うことで、聴くことで、ささくれ立った人々の心が和らぎ、愛に満ちた平和な心持ちになってくだされば幸いです。

2002年　盛夏　源田俊一郎

●編曲者からこの曲集の特徴と演奏上のアドバイス

・曲順は下のように「昼夜の流れ」を追っているのでステージの照明を演出できるでしょう。

```
しゃぼん玉～揺籃のうた.......................................................【昼】
叱られて～七つの子～夕焼小焼.......................................【夕暮れ】
月の沙漠～証城寺の狸囃子................................................【夜】
汽車のうた..........................................................................【朝】
みかんの花咲く丘～どんぐりころころ～里の秋...............【昼】
あの町この町～赤とんぼ....................................................【夕暮れ】
```

・またこの曲順にかかわらず、演奏時間に合わせて自由にカットし、組み合わせて結構です。自然な流れが生まれるように考えてください。

・ひとつの曲の中に違う曲を入れたり、いくつかの曲を分解して合体させるなど、遊び心を持った編曲にもこだわりました。

・「赤とんぼ」は1番を聴衆と共に歌えるように構成しています。

・パーカッションや、その他の楽器を入れたり"笑い"をとれる演出を工夫して、それぞれの団体にあった個性あふれるステージを楽しんでください。

混声合唱のための童謡メドレー
いつの日か

（演奏時間）

1. しゃぼん玉 ……………………………………… (1'25") ……………… 4
2. 揺籃(ゆりかご)のうた ……………………………… (1'19") ……………… 6
3. 叱(しか)られて ……………………………………… (2'55") ……………… 7
4. 七つの子 ………………………………………… (1'12") ……………… 10
5. 夕焼(ゆうやけ)小焼(こやけ) ……………………………… (1'44") ……………… 12
6. 月の沙漠(さばく) ………………………………… (2'17") ……………… 15
7. 証城寺(しょうじょうじ)の狸囃子(たぬきばやし) ………………… (1'48") ……………… 20
8. 汽車のうた(汽車ぽっぽ～汽車ポッポ～汽車) …………… (1'48") ……………… 25
9. みかんの花咲く丘 ……………………………… (1'25") ……………… 30
10. どんぐりころころ ……………………………… (1'02") ……………… 32
11. 里の秋 ………………………………………… (2'14") ……………… 35
12. あの町この町 …………………………………… (1'13") ……………… 38
13. 赤とんぼ ……………………………………… (3'00") ……………… 39

　　詩 ……………………………………………………………………… 44

全曲演奏時間＝約23分45秒（リピートを含む）

●委嘱初演：IZANAI
2002年2月23日
札幌コンサートホールKitara大ホール
第15回IZANAIコンサート「うたよ 空に 月に 星に」
ピアノ：澤 はるみ

混声合唱のための童謡メドレー
いつの日か

源田俊一郎 編曲

【1. しゃぼん玉】— 野口雨情 詩／中山晋平 曲／源田俊一郎 編曲

【3. 叱られて】— 清水かつら 詩
弘田龍太郎 曲
源田俊一郎 編曲

20

【7. 証城寺の狸囃子】— 野口雨情 詩／中山晋平 曲／源田俊一郎 編曲

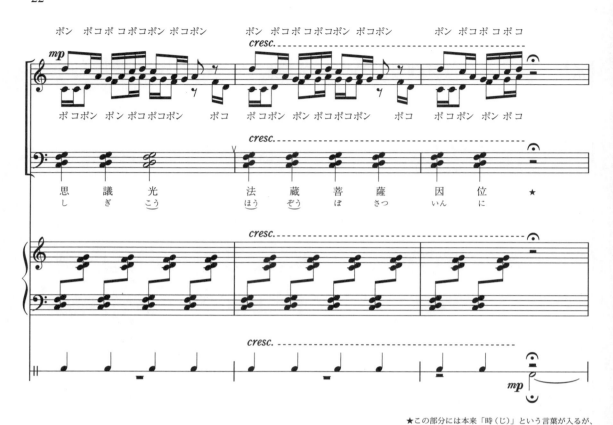

★この部分には本来「時（じ）」という言葉が入るが、狸にお経を邪魔された和尚さんが、思わず言葉を飲み込んでしまったという設定により省略している。

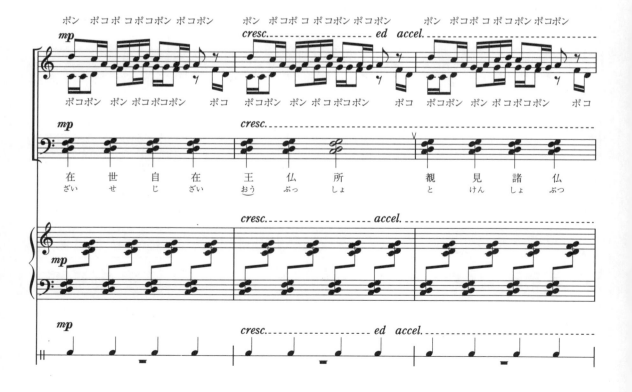

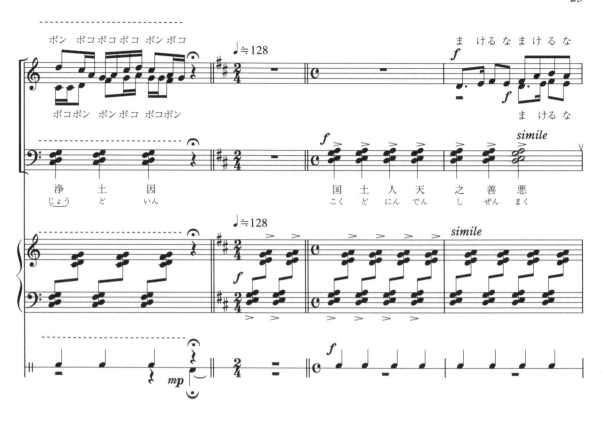

※「鉄道唱歌」(多 梅稚 作曲)より

【9. みかんの花咲く丘】―加藤省吾 詩／海沼 実 曲／源田俊一郎 編曲

【10. どんぐりころころ】― 青木存義 詩／梁田 貞 曲／源田俊一郎 編曲

【13. 赤とんぼ】—三木露風 詩／山田耕筰 曲／源田俊一郎 編曲

☆1番を聴衆と歌う時は、合唱団がまず次のページの※印まで歌ってから前奏にもどり、2回目に聴衆に呼びかけるようにする。
また最後に再び1番がでてくるので、ここでも聴衆に呼びかけてみるとよい。

1. しゃぼん玉

野口雨情 詩／中山晋平 曲

しゃぼん玉、とんだ。
屋根までとんだ。
屋根までとんで、
こわれて消えた。

しゃぼん玉、消えた。
飛ばずに消えた。
うまれてすぐに、
こわれて消えた。

風、風、吹くな。
しゃぼん玉、とばそ。

2. 揺籃のうた

北原白秋 詩／草川　信 曲

揺籃のうたを、
カナリヤが歌う、よ。
ねんねこ、ねんねこ、
ねんねこ、よ。

揺籃のうえに、
枇杷の実が揺れる、よ。
ねんねこ、ねんねこ、
ねんねこ、よ。

3. 叱られて

清水かつら 詩／弘田龍太郎 曲

叱られて
叱られて
あの子は町まで　お使いに
この子は坊やを　ねんねしな
夕べさみしい　村はずれ
こんときつねが　なきゃせぬか

叱られて
叱られて
口には出さねど　眼になみだ
二人のお里は　あの山を
越えてあなたの　花のむら
ほんに花見は　いつのこと

4. 七つの子

野口雨情 詩／本居長世 曲

烏　なぜ啼くの
烏は山に
可愛七つの
子があるからよ

可愛　可愛と
烏は啼くの
可愛可愛と
啼くんだよ

山の古巣に
いって見て御覧
丸い眼をした
いい子だよ

5.夕焼小焼

中村雨紅 詩／草川　信 曲

夕焼小焼で　日が暮れて
山のお寺の　鐘がなる
お手々つないで　皆かえろ
烏と一緒に　帰りましょう

子供が帰った　後からは
円い大きな　お月さま
小鳥が夢を　見る頃は
空にはきらきら　金の星

6.月の沙漠

加藤まさを 詩／佐々木すぐる 曲

月の沙漠を、はるばると
旅の駱駝がゆきました。

金と銀との鞍置いて、
二つならんでゆきました。

（中間の歌詩は編曲されておりません）

沙丘を越えて行きました。
黙って、越えて行きました。

7.証城寺の狸囃子

野口雨情 詩／中山晋平 曲

証、証、証城寺
証城寺の庭は

ツ、ツ、月夜だ
皆出て来い来い来い
己等の友達ア
ぽんぽこぽんのぽん

負けるな、負けるな
和尚さんに負けるな
来い、来い、来い、来い来い来い
皆出て、来い来い来い

証、証、証城寺
証城寺の萩は
ツ、ツ、月夜に花盛り
己等は浮かれて
ぽんぽこぽんのぽん

8.汽車のうた

汽車ぽっぽ

本居長世 詩／ 曲

お山の中行く　汽車ぽっぽ
ぽっぽ　ぽっぽ
黒いけむを出し
しゅ　しゅ　しゅ　しゅ
白いゆげふいて
きかんしゃと　きかんしゃが
まえ引き　あと押し
なんだ坂　こんな坂
なんだ坂　こんな坂
　とんねる鉄橋　ぽっぽ　ぽっぽ
　とんねる鉄橋
　しゅ　しゅ　しゅ　しゅ
※　とんねる鉄橋　とんねる鉄橋
　とんねる　とんねる
　とん　とん　とんと　のぼりゆく

※この歌詩は編曲されておりません

汽車ポッポ

富原　薫 詩／草川　信 曲

汽車　汽車　ポッポ　ポッポ
シュッポ　シュッポ　シュッポッポ
僕等をのせて　シュッポ　シュッポ
シュッポッポ
スピード　スピード　窓の外
畑も　とぶ　とぶ　家もとぶ
走れ　走れ　走れ
※鉄橋だ　鉄橋だ　たのしいな

※この歌詩は編曲されておりません

汽車

乙骨三郎 詩／大和田愛羅 曲

遠くに見える村の屋根、
近くに見える町の軒。
森や林や田や畠、
後へ後へと飛んで行く。

（2番のみ）

9.みかんの花咲く丘

加藤省吾 詩／海沼　実 曲

みかんの花が　咲いている
思い出の道　丘の道
はるかに見える　青い海
お船が遠く　かすんでる

黒い煙を　はきながら
お船はどこへ　行くのでしょう
波にゆられて　島のかげ
汽笛が　ぼうと　鳴りました

10.どんぐりころころ

青木存義 詩／梁田　貞 曲

どんぐりころころ　ドンブリコ
お池にはまって　さあ大変
どじょうが出て来て　今日は
坊ちゃん一緒に　遊びましょう

どんぐりころころ　よろこんで
しばらく一緒に　遊んだが
やっぱりお山が　恋しいと
泣いてはどじょうを　困らせた

11.里の秋

斎藤信夫 詩／海沼　実 曲

静かな　静かな　里の秋
お背戸に　木の実の　落ちる夜は
ああ　母さんと　ただ二人
栗の実　煮てます　いろりばた

明るい　明るい　星の空
鳴き鳴き　夜鴨の渡る夜は
ああ　父さんの　あの笑顔
栗の実　食べては　思い出す

12. あの町この町

野口雨情 詩／中山晋平 曲

あの町　この町、
日が暮れる　日が暮れる。
今きたこの道、
かえりゃんせ　かえりゃんせ。

お家が　だんだん、
遠くなる　遠くなる。
今きたこの道、
かえりゃんせ　かえりゃんせ。

13. 赤とんぼ

三木露風 詩／山田耕筰 曲

夕やけ小やけの　赤とんぼ
負われて見たのは　いつの日か

山の畑の　桑の実を
小籠に摘んだは　まぼろしか

十五で姐やは嫁に行き
お里のたよりも　絶えはてた

夕やけ小やけの　赤とんぼ
とまっているよ　竿の先

皆様へのお願い

楽譜や歌詞・音楽書などの出版物を権利者に無断で複製（コピー）することは、著作権の侵害（私的利用など特別な場合を除く）にあたり、著作権法により罰せられます。また、出版物からの不法なコピーが行われますと、出版社は正常な出版活動が困難となり、ついには皆様方が必要とされるものも出版できなくなります。
音楽出版社と日本音楽著作権協会（JASRAC）は、著作者の権利を守り、なおいっそう優れた作品の出版普及に全力をあげて努力してまいります。どうか不法コピーの防止に、皆様方のご協力をお願い申しあげます。

カワイ出版
一般社団法人　日本音楽著作権協会

混声合唱のための童謡メドレー　いつの日か

編曲　源田俊一郎

発行所　カワイ出版（株式会社 全音楽譜出版社 カワイ出版部）

〒161-0034 東京都新宿区上落合 2-13-3
電話 03(3227)6286　FAX.03(3227)6296
出版情報 https://editionkawai.jp

日本音楽著作権協会 (出) 許諾第 0210151-448 号

2002 年 10 月 1 日第 1 刷発行
2025 年 2 月 1 日第 48 刷発行

楽譜・音楽書等出版物を複写・複製することは法律により禁じられております。落丁・乱丁本はお取り替え致します。
本書のデザインや仕様は予告なく変更される場合がございます。

表紙・版下浄書 ブレンデュース　印刷 伸和総業株式会社・平河工業社　製本 三修紙工株式会社

© 2002 by edition KAWAI, a division of Zen-On Music Co., Ltd.　　ISBN978-4-7609-2641-1

源田俊一郎 合唱作品

〔混声合唱〕

混声合唱とピアノのための組曲
みどりの風に～平和・夢・未来～
（中級）

混声4部／混声3部／女声3部／男声4部
海 よ〈ピース〉
赤木 衛 詩　　　　　　　（初～中級）

〔女声合唱〕

女声合唱のための昭和ノスタルジー
花びらあそび
小野興二郎 詞　　　　　　（初～中級）

女声合唱のための昭和ノスタルジー
あそこのかどから
小野興二郎 詞　　　　　　（初級）

女声合唱とピアノのための
風のカンタービレ
藤田久男 詞　　　　　　（初～中級）

〔混声合唱編曲〕

混声合唱のための唱歌メドレー
ふるさとの四季
「故郷」「春の小川」他　（初～中級）

混声三部合唱のための唱歌メドレー
ふるさとの四季〈簡易伴奏版〉
「故郷」「春の小川」他　（初級）

混声合唱のための
ホームソングメドレー 2
イタリア篇／アメリカ篇／日本篇　（初～中級）

混声合唱のための唱歌メドレー
ふるさとの四季〈演奏法解説付〉
「故郷」「春の小川」他　（初～中級）

混声合唱のための
ホームソングメドレー 1
イギリス篇／ドイツ・オーストリア篇／日本篇（初～中級）

混声合唱のための童謡メドレー
いつの日か
「しゃぼん玉」「赤とんぼ」他　（初～中級）

〔女声合唱編曲〕

女声合唱のための唱歌メドレー
ふるさとの四季
「故郷」「春の小川」他　（初～中級）

コーラスをはじめた人のための二部合唱曲集
いとしのエリー[改訂版]
「少年時代」他　　　　　（初級）

コーラスをはじめた人のための二部合唱曲集
となりのトトロ
「君をのせて」他　　　　（初級）

女声合唱のための唱歌メドレー
ふるさとの四季〈演奏法解説付〉
「故郷」「春の小川」他　（初～中級）

コーラスをはじめた人のための二部合唱曲集
春よ、来い
「なごり雪」他　　　　　（初級）

女声合唱のための童謡メドレー
いつの日か
「しゃぼん玉」「赤とんぼ」他　（初～中級）

女声合唱のための
ユーミンストリート
「ひこうき雲」他　　　　（初級）

コーラスをはじめた人のための二部合唱曲集
卒業写真
「LOVE LOVE LOVE」他　（初級）

女声合唱のための
ホームソングメドレー 1
イギリス篇／ドイツ・オーストリア篇／日本篇（初～中級）

コーラスをはじめた人のための二部合唱曲集
想い出がいっぱい
「TOMORROW」他　　　（初級）

〔二部合唱編曲〕

女声合唱のための
ホームソングメドレー 2
イタリア篇／アメリカ篇／日本篇　（初～中級）

コーラスをはじめた人のための二部合唱曲集
いつも何度でも
「あなたに逢いたくて」他　（初級）

二部合唱のための唱歌メドレー
ふるさとの四季〈簡易伴奏版〉
「故郷」「春の小川」他　（初級）

〔男声合唱編曲〕

男声合唱のための唱歌メドレー
ふるさとの四季
「故郷」「春の小川」他　（初～中級）

男声合唱のための酒の歌
アルコール名曲集
「北酒場」他　　　　　（初～中級）

男声合唱のための
男の海の歌
「真夏の果実」他　　　（初～中級）

男声合唱のための唱歌メドレー
ふるさとの四季〈演奏法解説付〉
「故郷」「春の小川」他　（初～中級）